MW00887788

Made in the USA
Monee, IL
21 August 2021

76233689R00068